ICONS

TASCHEN

KÖLN LONDON LOS ANGELES MADRID PARIS TOKYO

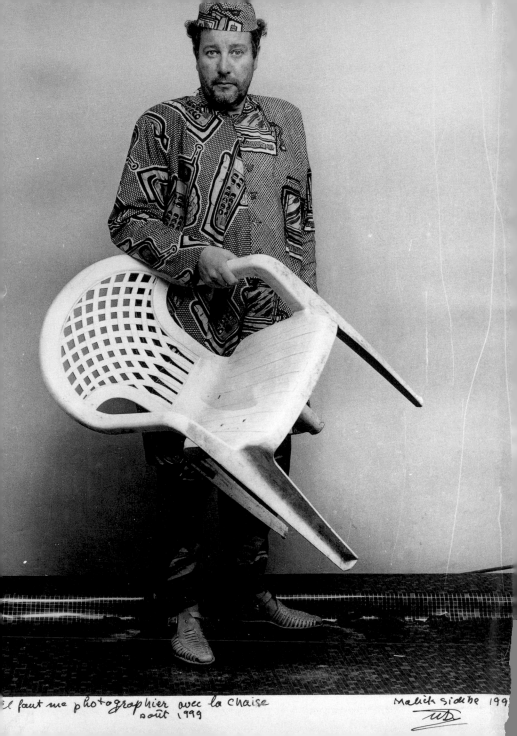

il faut me photographier avec la chaise
août 1999

Malick sidibe 199

To stay informed about upcoming TASCHEN titles, please request our magazine at www.taschen.com
or write to TASCHEN, Hohenzollernring 53, D–50672 Cologne, Germany, Fax: +49-221-254919.
We will be happy to send you a free copy of our magazine which is filled with information about all of our books.

© 2004 TASCHEN GmbH
Hohenzollernring 53, D–50672 Köln
www.taschen.com

© 2004 Philippe Starck, Paris
© 2004 for the cover and back cover: Jean-Baptiste Mondino, Paris

Edited by Simone Philippi, Cologne
Designed by Mark Thomson, London, and Catinka Keul, Cologne
Production coordination by Ute Wachendorf, Cologne
German translation by Stefan Barmann, Cologne
English translation by Chris Miller, Oxford

Printed in Italy
ISBN 3-8228-3858-6

S+ARCK

TASCHEN

KÖLN LONDON LOS ANGELES MADRID PARIS TOKYO

Kominform (1947) et engage contre l'Occident la « guerre froide ». Objet d'un culte, célébré tant en U. R. S. S. que dans les partis communistes des démocraties populaires et des pays occidentaux, il fait procéder à de nouvelles purges (« procès de Prague », « complot des blouses blanches ») avant de mourir en mars 1953. Le XXᵉ Congrès du parti communiste (1956) amorça la « déstalinisation » et en 1961 le corps de Staline fut retiré du mausolée de Lénine dans lequel il avait été placé.

Stalingrad *(bataille de)* [sept. 1942 - févr. 1943], victoire décisive remportée après de durs combats — qui se sont déroulés autour de Stalingrad (auj. Volgograd) — par les Soviétiques sur la VIᵉ armée allemande (Paulus), qui capitula le 2 février 1943. Elle marqua le tournant de la guerre sur le front russe.

STAMBOLIJSKI (Aleksandăr), homme politique bulgare (Slavovica 1879 - *id.* 1923). Chef de l'Union agrarienne depuis 1905, il fut Premier ministre en 1919-20 puis en 1920-1923. Il fut fusillé lors du coup d'État de 1923.

STAMFORD, port des États-Unis (Connecticut) ; 102 000 h.

STAMITZ (Johann Wenzel) ou **STAMIC** (Jan Václav), compositeur tchèque (Německý Brod, Bohême, 1717 - Mannheim 1757), chef de l'école de Mannheim, un des foyers de l'art symphonique en Europe, à l'origine du style galant.

Stampa (la), quotidien italien de tendance libérale progressiste, créé à Turin en 1894.

Stamp Act (1765), loi britannique, qui frappa d'un droit de timbre les actes publics dans les colonies de l'Amérique du Nord. Très impopulaire, elle fut à l'origine de la guerre de l'Indépendance.

Standaard (De), quotidien belge de tendance catholique, créé en 1914 à Anvers.

STANHOPE (James, 1ᵉʳ *comte* de), homme politique britannique (Paris 1673 - Londres 1721). L'un des chefs du parti whig, secrétaire d'État (1714-1721), il dirigea la politique étrangère, privilégiant l'alliance avec la France.

STANISLAS *(saint),* martyr polonais (Szczepanow, près de Tarnów, 1030 - Cracovie 1079). Évêque de Cracovie (1072), il fut tué par le roi Boleslas II, qu'il avait excommunié. — Il est le patron de la Pologne.

STANISLAS Iᵉʳ LESZCZYŃSKI (Lwów 1677 - Lunéville 1766), roi de Pologne en titre de 1704 à 1766, en fait de 1704 à 1709 et de 1733 à 1736. Beau-père de Louis XV, il dut

STANLEY POOL → *Malebo Pool.*

STANLEYVILLE → *Kisangani.*

STANOVOÏ *(monts),* chaîne de montagnes d[e] la Sibérie orientale ; 2 412 m.

STANS, comm. de la Suisse, ch.-l. du dem[i]-canton de Nidwald (Unterwald) ; 6 000 h.

STARA PLANINA, nom bulgare du **Balkan**[.]

STARA ZAGORA, v. de Bulgarie ; 142 000 h[.]

STARCK (Philippe), designer et architect[e] d'intérieur français (Paris 1949). Créateur d[e] séries de meubles et d'objets d'une structur[e] simple, mais inventive, il est attaché à l'expres[-]sion symbolique des formes comme de l'espace[.]

STARK (Johannes), physicien allemand (Sch[i]-ckenhof 1874 - Traunstein 1957). Il a découver[t] le dédoublement des raies spectrales sou[s] l'influence d'un champ électrique. (Prix Nobe[l] 1919.)

STAROBINSKI (Jean), critique suisse de lan[-]gue française (Genève 1920). Une formation d[e] psychiatre et une vision philosophique, fondé[e] sur la « sympathie » pour l'auteur, sous-tenden[t] sa méthode critique *(Jean-Jacques Rousseau, l[a] transparence et l'obstacle).*

STASSFURT, v. de l'Allemagne démocrati[-]que ; 26 000 h. Mines de potasse et de se[l.]

STATEN ISLAND, île des États-Unis, consti[-]tuant un borough de New York, au S.-O. d[e] Manhattan.

STAUDINGER (Hermann), chimiste alleman[d] (Worms 1881 - Fribourg-en-Brisgau 1965), pri[x] Nobel en 1953 pour ses recherches sur le[s] macromolécules.

STAUDT (Karl Georg Christian **von**), mathé[-]maticien allemand (Rothenburg ob der Taube[r] 1798 - Erlangen 1867). Il essaya de reconstitue[r] l'ensemble de la géométrie projective, indépen[-]damment de toute relation métrique.

STAUFFENBERG (Claus **Schenk,** *comte* **von**), officier allemand (Jettingen 1907 - Berlin 1944). Il prépara et exécuta l'attentat du 20 juill. 1944 auquel échappa Hitler. Il fut fusillé.

STAVANGER, port de Norvège, sur l'Atlanti[-]que ; 93 000 h. Port de pêche, de commerce[,] de voyageurs et pétrolier. Centre industrie[l.] Cathédrale romane et gothique.

STAVELOT, v. de Belgique (Liège) ; 6 000 h[.] Restes d'une ancienne abbaye (musées).

Stavisky *(affaire)* [1933-34], scandale financie[r] au Crédit municipal de Bayonne, dévoilé en déc[.] 1933. Elle contribua à la chute du ministèr[e] Chautemps, au réveil de l'extrême droite et au[x]

Asahi Beer Hall, Tokyo 1990

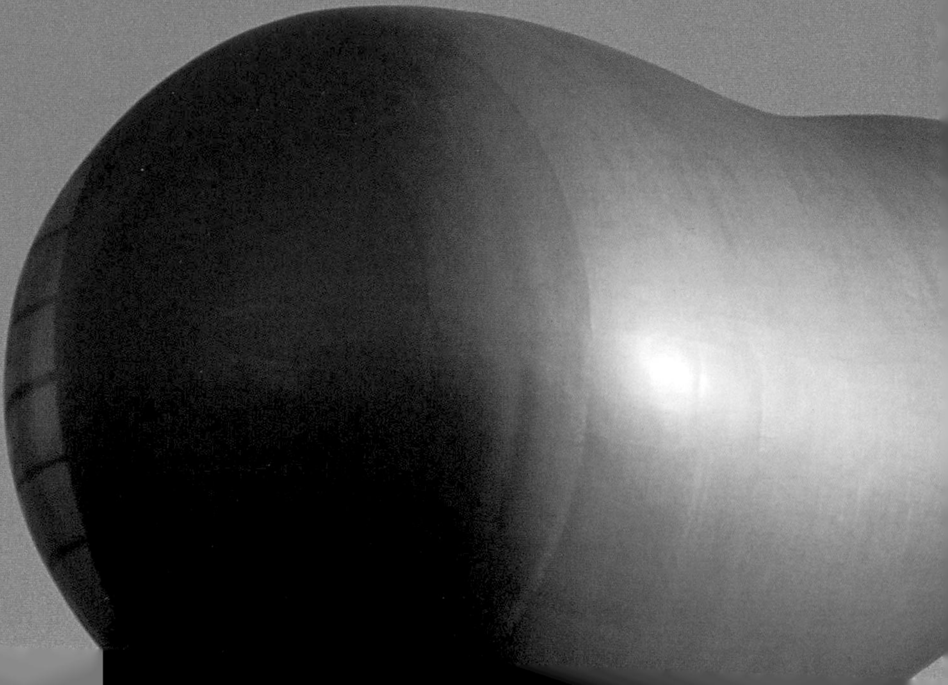

Asahi Beer Hall, Tokyo 1990

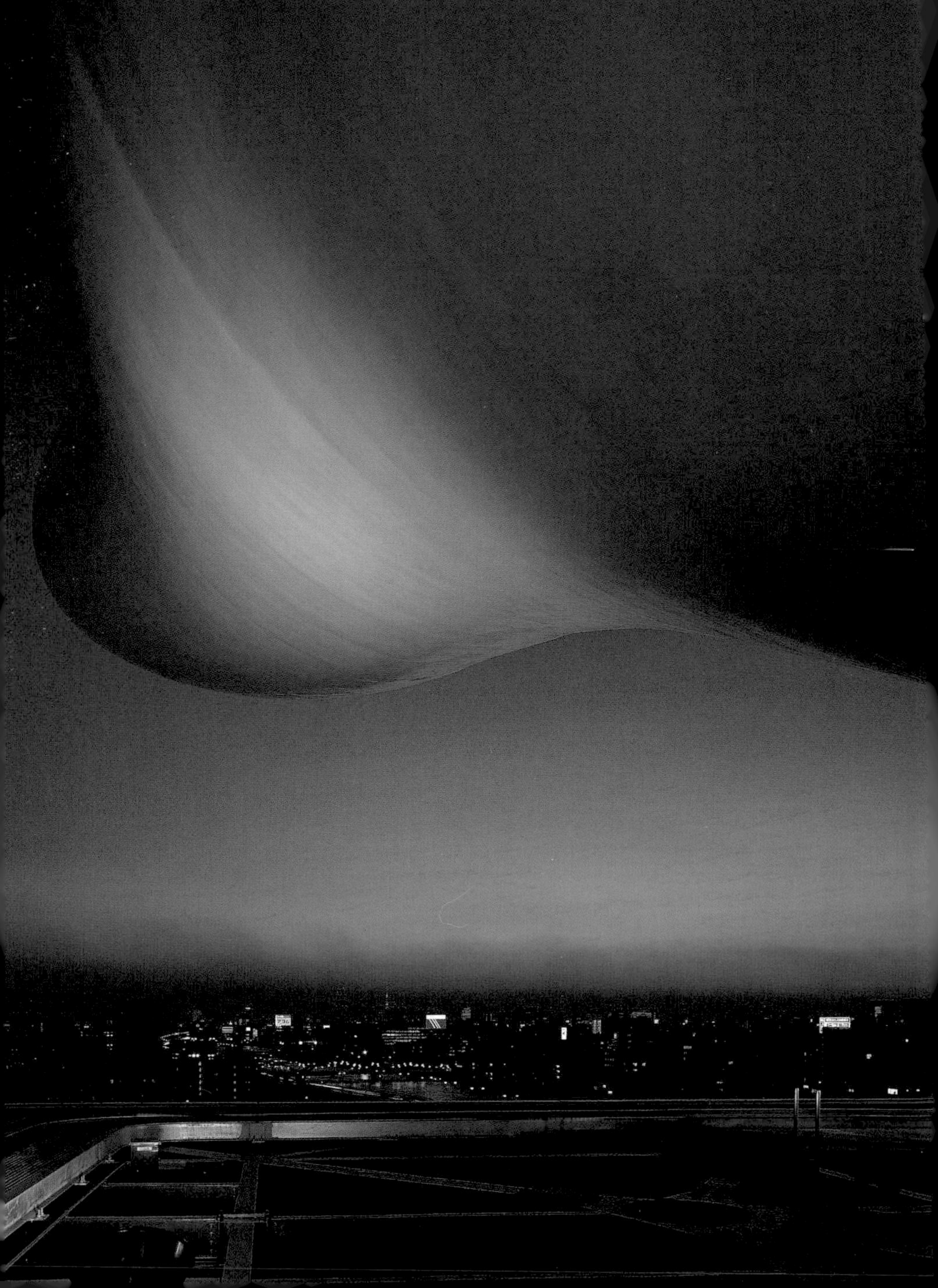

Starck House (3 Suisses) 1994

Groningen Museum 1993
(with Alessandro Mendini)

Tour de Contrôle, Bordeaux 1993
(with Luc Arsène-Henry)

OUR DE CONTROLE AEROPORT BORDEAUX MERIONA

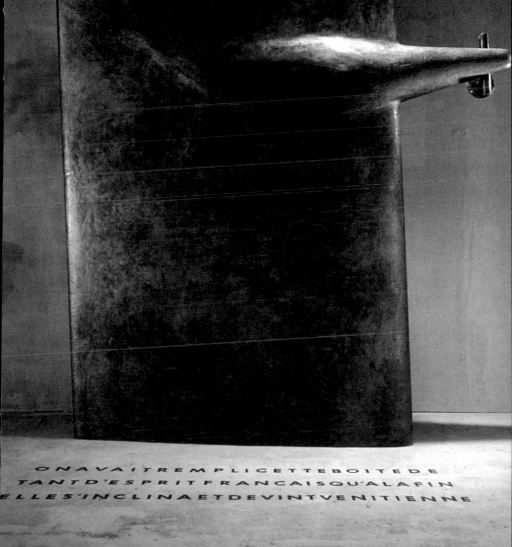

ONAVAITREMPLICETTEBOITEDE
TANTD'ESPRITFRANCAISQU'ALAFIN
ELLES'INCLINAETDEVINTVENITIENNE

ENSAD, Paris 1998
(with Luc Arsène-Henry)

Paramount Hotel, New York 1990

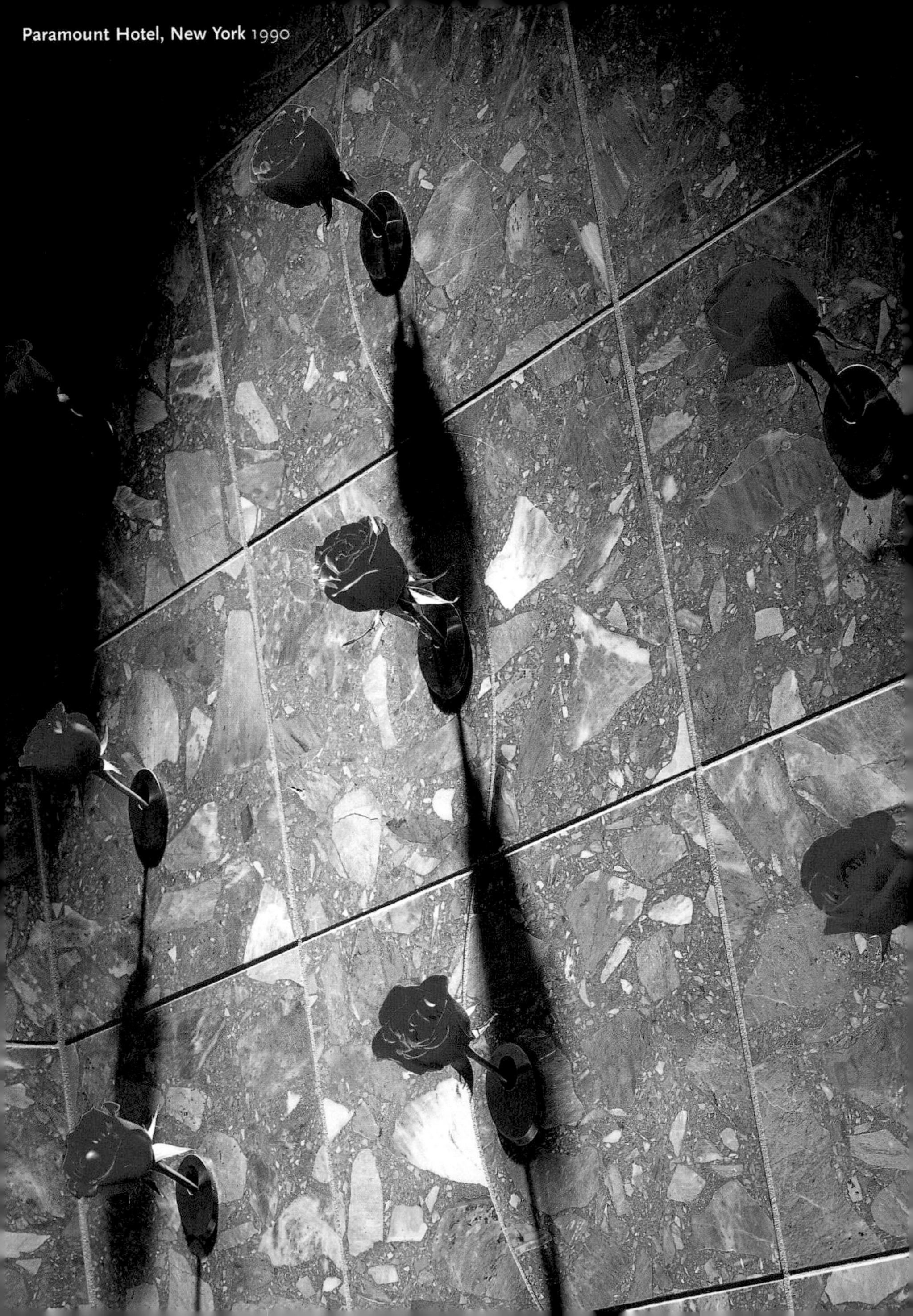

Restaurant Theatron, Mexico 1985

Delano Hotel, Miami 1995

BON® 2

2, RUE DU QUATRE SEPTEMBRE, 75002 PARIS FRANCE
TEL 01 44 55 51 55 FAX 0 1 44 55 00 77 WWW.BON.FR

Restaurant Bon 2, Paris 2000

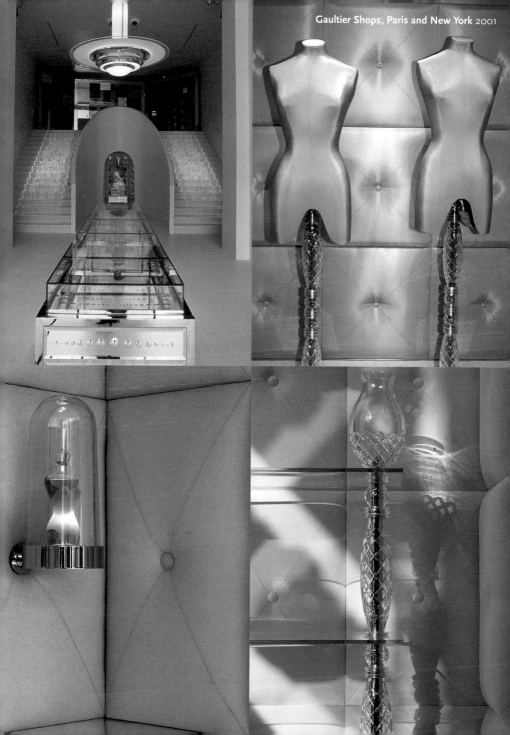

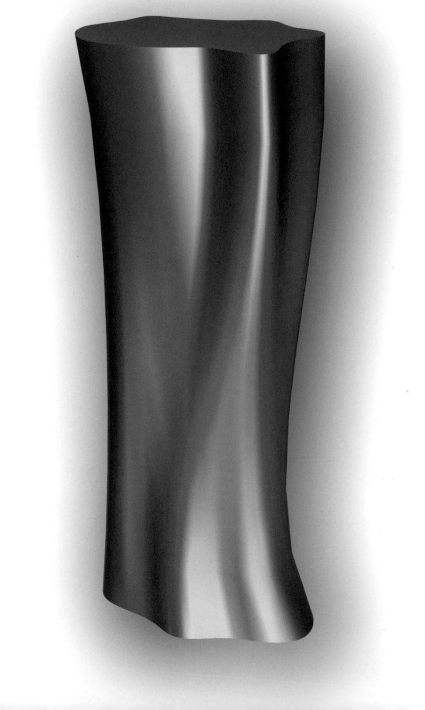

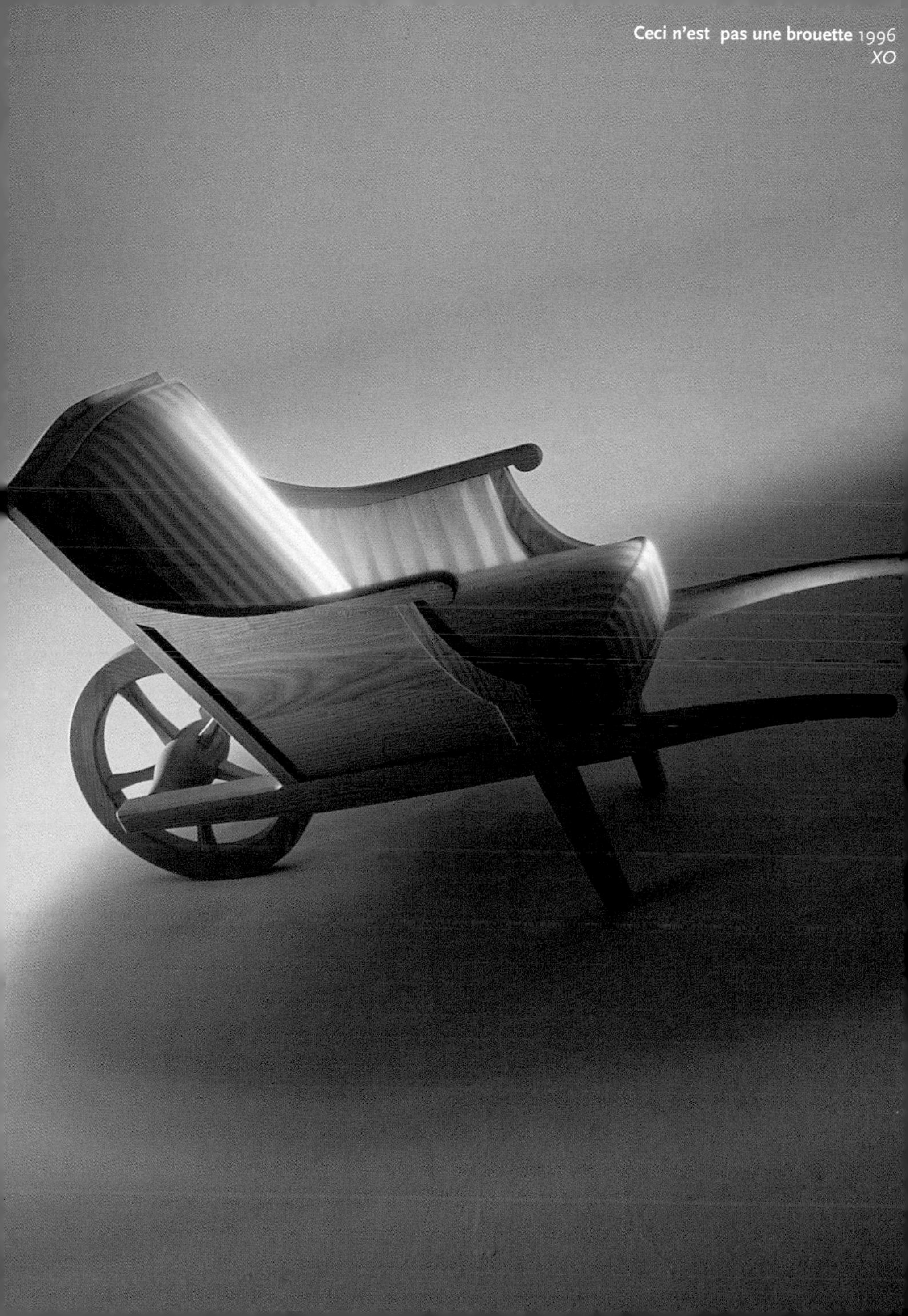

Ceci n'est pas une brouette 1996
XO

Président M. 1984
Baleri

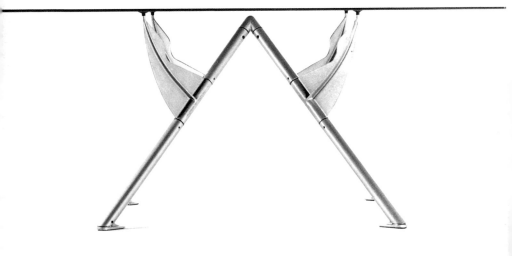

Richard III 1985
Baleri

Bubble Club 1998
Kartell

Ploof 1999
Kartell

Ploof 1999
Kartell

Zbork 2000
Kartell

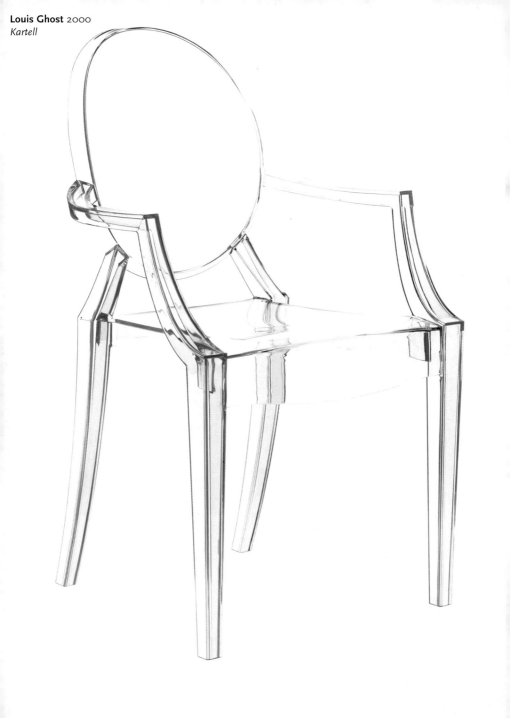

Lord Yo 1994
Driade

Soft Egg 1999
Driade

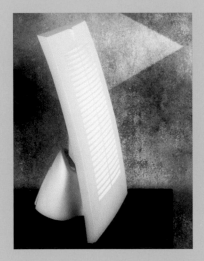

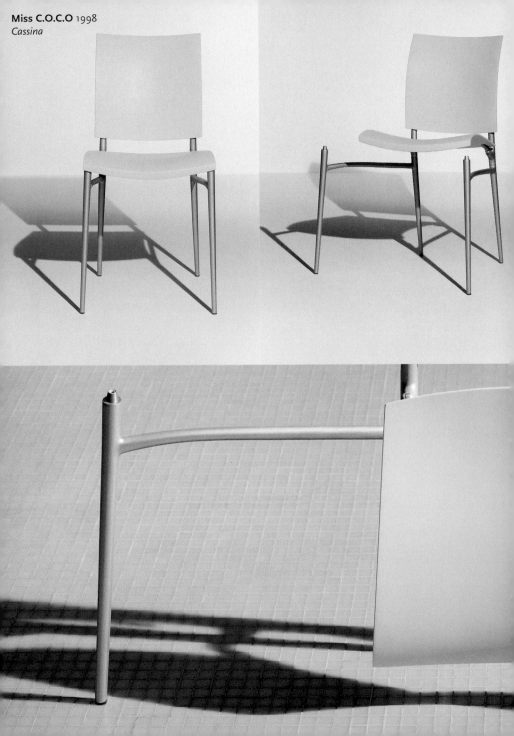

Miss C.O.C.O 1998
Cassina

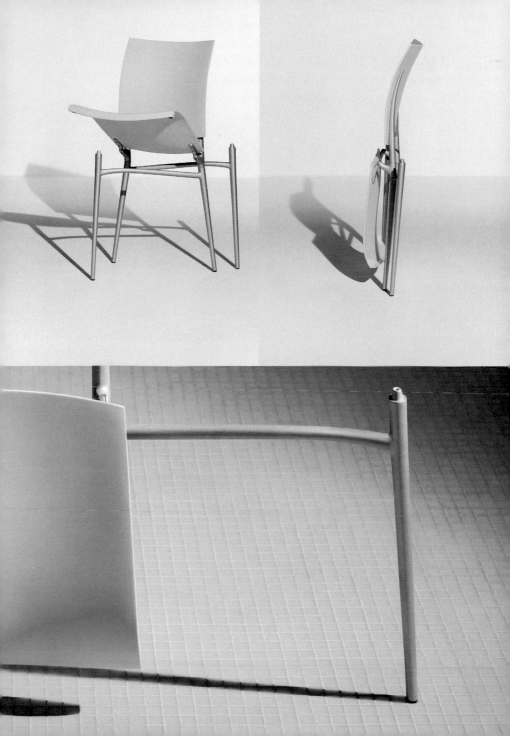

L.W.S Lazy Working Sofa 1998
Cassina

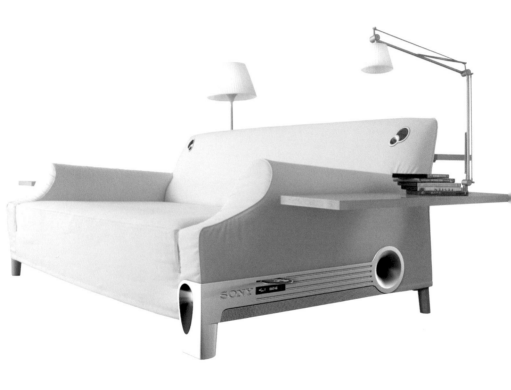

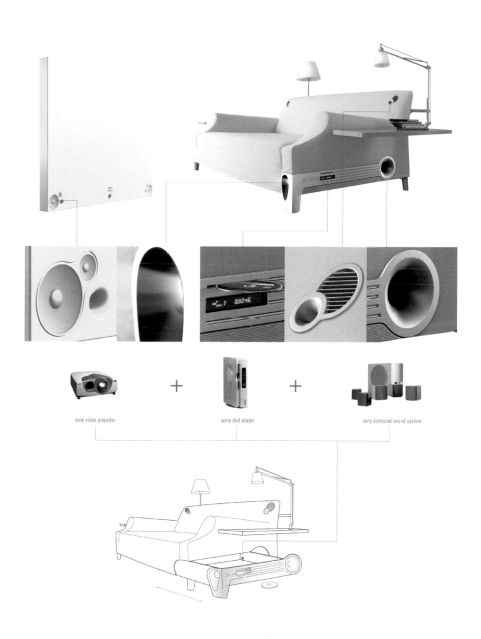

sony video projector

sony dvd player

sony surround sound system

L'ESPRIT DE LA FORÊT
COLLECTION O.N.F.* 3 SUISSES BY STARCK

DEPUIS L'ORDONNANCE DE COLBERT (1669),
LES FORESTIERS SONT LES GARDIENS DE LA FORÊT
POUR LA CONSERVER, L'ENTRETENIR ET LA RENOUVELER.

LA FRANCE EST AUJOURD'HUI LE PAYS
LE PLUS FEUILLU D'EUROPE.

LA NOUVELLE COLLECTION DE PHILIPPE STARCK
VOUS DONNE L'ESPRIT DE LA FORÊT
AFIN QUE VOUS EN DEVENIEZ LES GARDIENS.

D ans le colis du meuble STARCK que vous commandez aux 3 SUISSES, vous trouverez une notice explicative vous permettant de contacter le Forestier de l'Office National des Forêts. Celui-ci vous remettra le rondin de bouleau brut qu'il choisira dans une forêt proche de chez vous (dans un rayon maximum de 150 km), ainsi que la plaque numérotée «Collection ONF/3 SUISSES by STARCK», qu'il scellera, en votre présence, sur la tranche du rondin. Pour contacter le Forestier, vous disposerez d'un numéro vert inscrit sur la notice ●

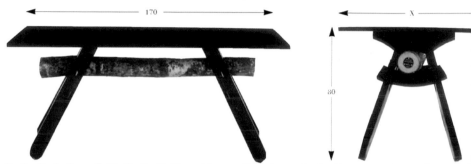

170 — **X**

T A B L E   S T A R C K en hêtre massif teinté et verni polyuréthane avec piétement (livré monté) possédant un système de serrage à l'intérieur de chaque pied pour le réglage du rondin. (le prix comprend le rondin de bouleau distribué par l'O.N.F. - Dimensions du rondin : 1,40 m x 13 à 14 cm de diamètre). RÉFÉRENCE : 791.0440. ● ● ● ● **F**

X

C O N S O L E   S T A R C K en hêtre massif teinté et verni polyuréthane avec piétement (livré monté) possédant un système de serrage à l'intérieur de chaque pied pour le réglage du rondin. (le prix comprend le rondin de bouleau distribué par l'O.N.F. - Dimensions du rondin : 1,40 m x 13 à 14 cm de diamètre). RÉFÉRENCE : 791.5830. ● ● ● ● **F**

X

B A N C   S T A R C K en hêtre massif teinté et verni polyuréthane avec piétement (livré monté) possédant un système de serrage à l'intérieur de chaque pied pour le réglage du rondin.(le prix comprend le rondin de bouleau distribué par l'O.N.F. - Dimensions du rondin : 1,40 m x 8 à 10 cm de diamètre) RÉFÉRENCE : 791.0740. ● ● ● **F**

You are God

Poaa 1999
XO

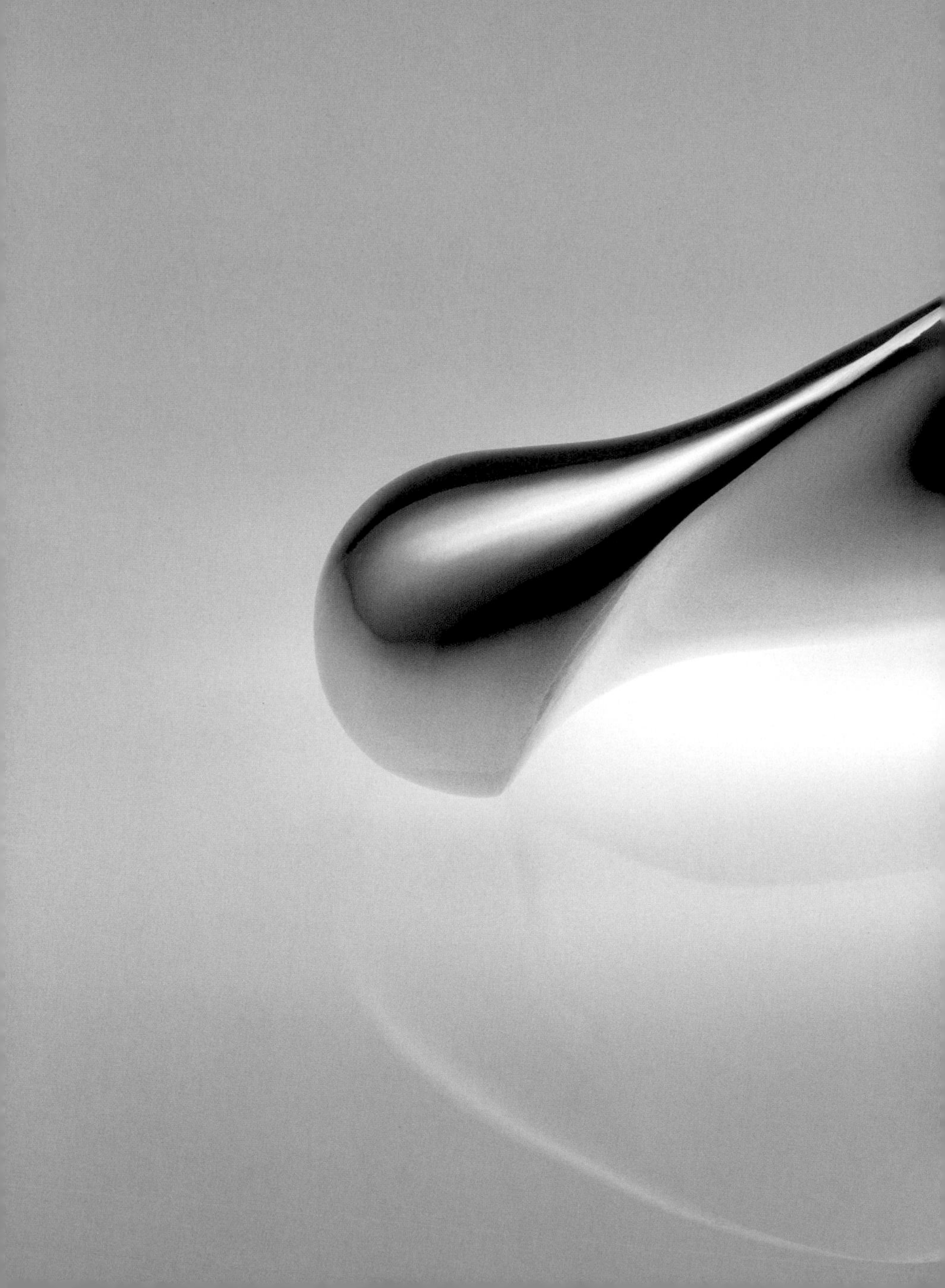

Night and Day 2000
Descamps

Trimmings

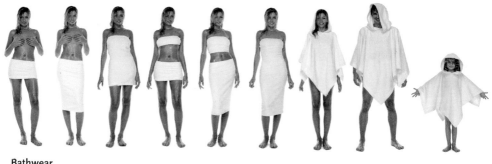

Bathwear

Bedding

Doctor Life 1991 **Rosy Angelis** 1994
Flos *Flos*

Miss Sissi 1990 **Romeo Moon** 1995
Flos *Flos*

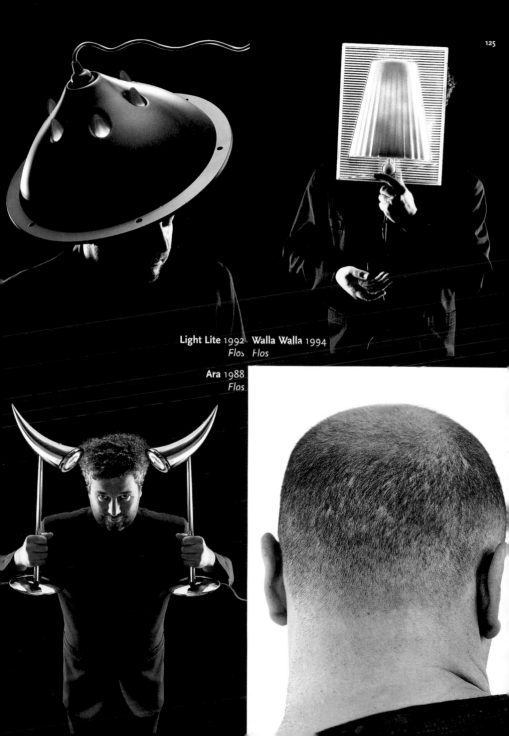

Light Lite 1992 **Walla Walla** 1994
Flos Flos

Ara 1988
Flos

Romeo Moon Soft T2 1998
Flos

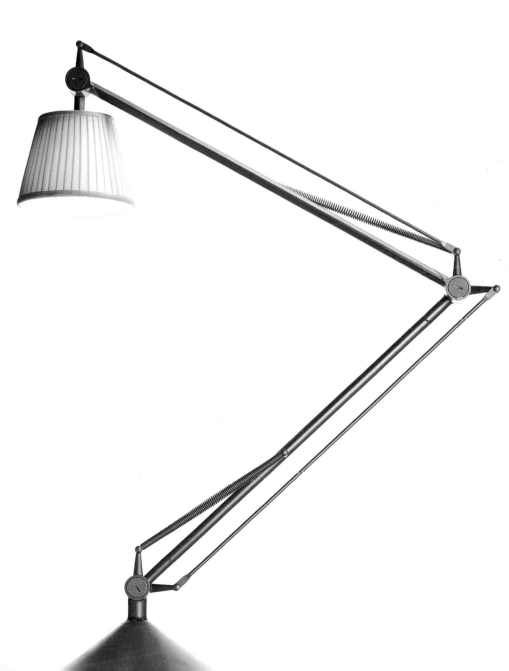

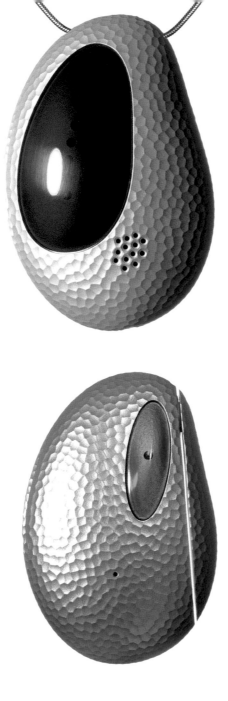

Baby Fork / Spoon $ 2.99 **Toilet Training Set $ 16.99**
Target   Target

Scale $ 39.99   Sippy Cup $ 3.49
Target   Target

Toy Car $ 29.99
Target

Short Pop-Up Playhouse $ 24.99
Target

Cozy Chair $ 19.99
Target

Ethno Plastic Stool / Table / Container $ 9.99
Target

Stapler $ 7.99

Tape Dispenser $ 3.99

Magazine Rack $ 14.99

Book Ends $ 7.99

Pencil Cup $ 4.99

Scissors $ 5.99

Mechanical Pencil $ 6.99

Letter Opener $ 2.99

Letter Tray $ 7.99

Letter Sorter $ 7.99

Mail Center / Bulletin Board $ 14.99

Calculator $ 7.99

Table Lamp $ 14.99

Wel Tunes $ 24.99

Light Table $ 49.99

Tissue Box $ 5.99

CD Storage Box $ 7.99

Project File $ 12.99

Wastebasket $ 19.99

Plastic Food Storage $ 2.49

Soap Dish / Nail Brush $ 5.99   Lotion Dispenser $ 6.99   Beard Trimmer $ 19.99

Men's Foils Shaver $ 99.99   Hair Dryer $ 24.99   Curling Iron $ 24.99

Bath Towels $ 7.99

Tumbler $ 5.99   Adult Sonic Pick $ 39.99   Juvenile Sonic Pick $ 19.99

Baby Bowl $ 4.99

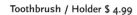

Juvenile Ultrasunex
Toothbrush $ 49.99

Toothbrush / Holder $ 4.99

Baby Soft Carrier $ 34.99

Tall Pop-Up Playhouse $ 24.99

Pop-Up Playhouse Tunnel $ 19.99

Baby Bottle Brush $ 3.99

Bottle Warmer $ 34.99

Diaper Backpack $ 34.99

Diaper Weekend Bag $ 34.99

Gaoua 1999
Samsonite

Yeza 1999
Samsonite

We must share

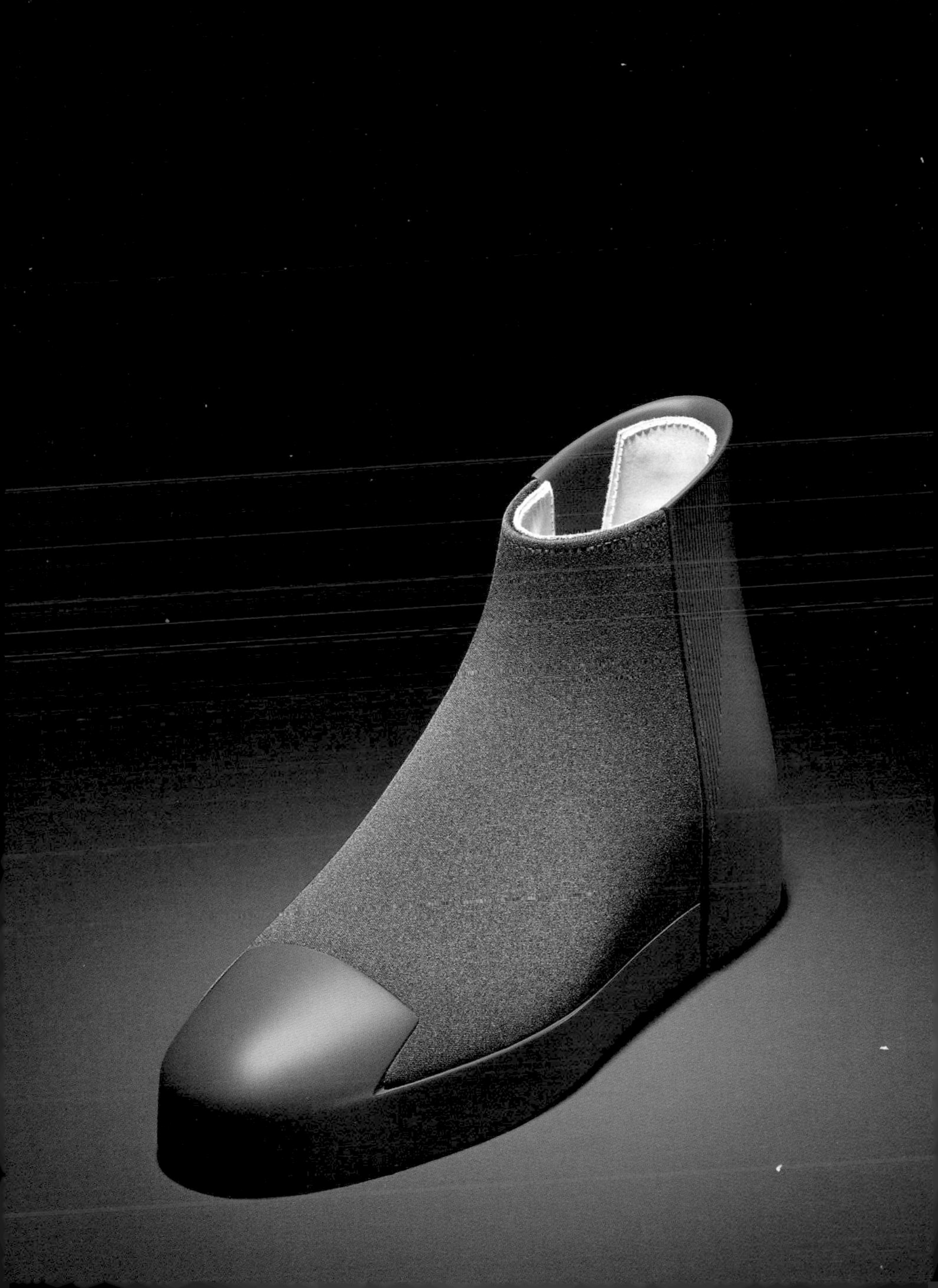

Shoe (prototype) 1996
Della Valle

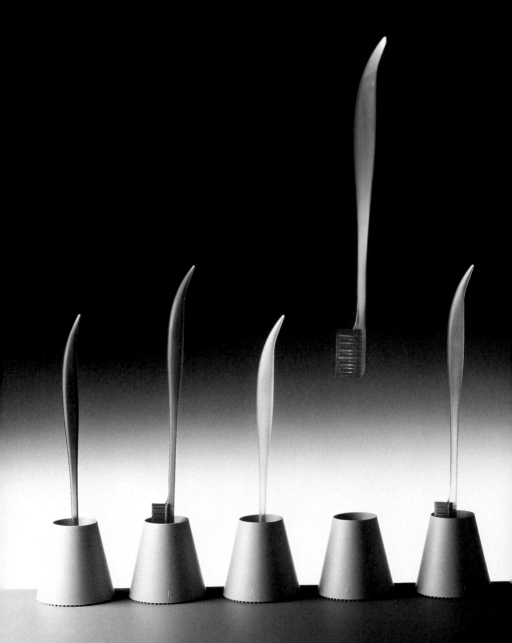

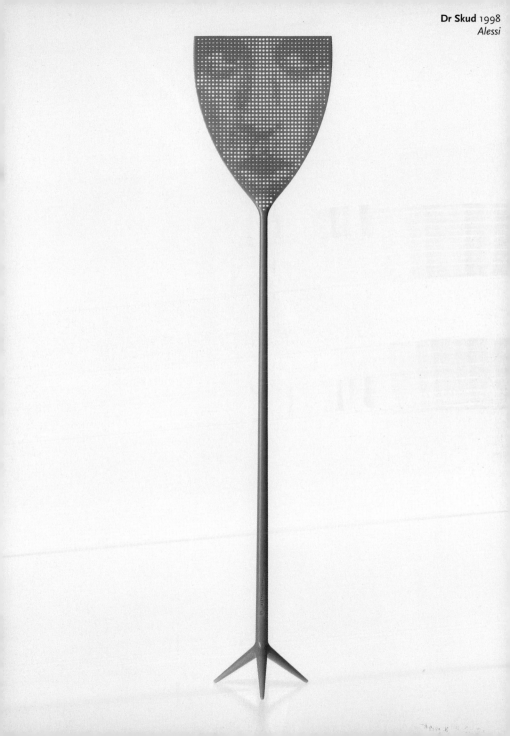

Two handled faucet 1998
Axor

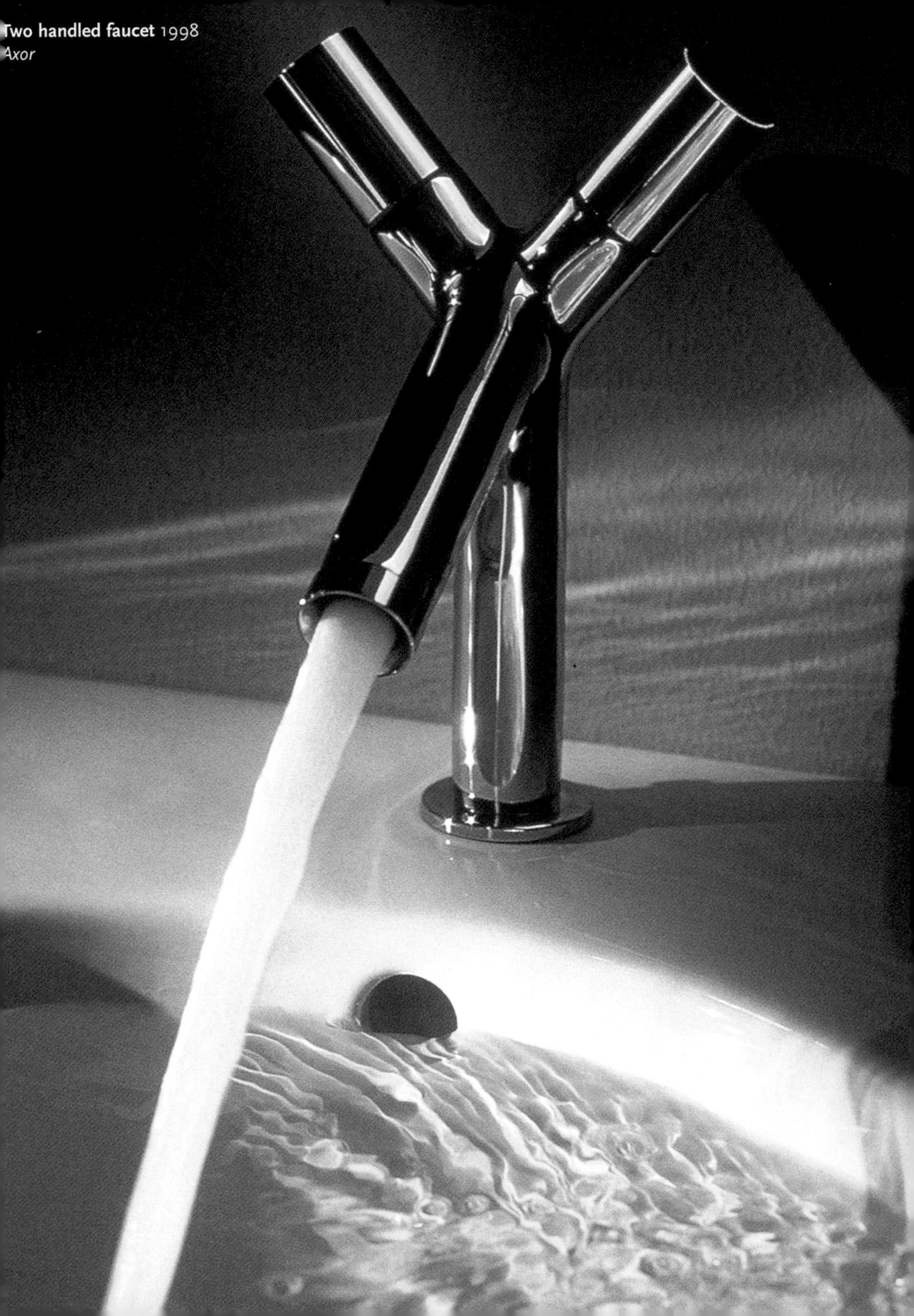

First 41 S5 Voilier L Coque 1989
Beneteau

First 35 S5 Voilier L Coque 1988
Beneteau

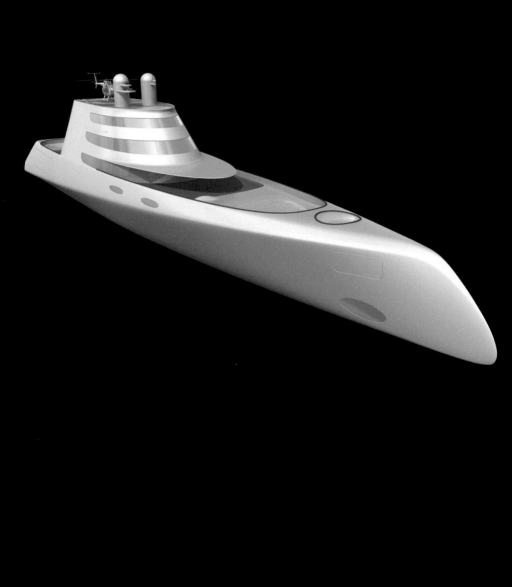

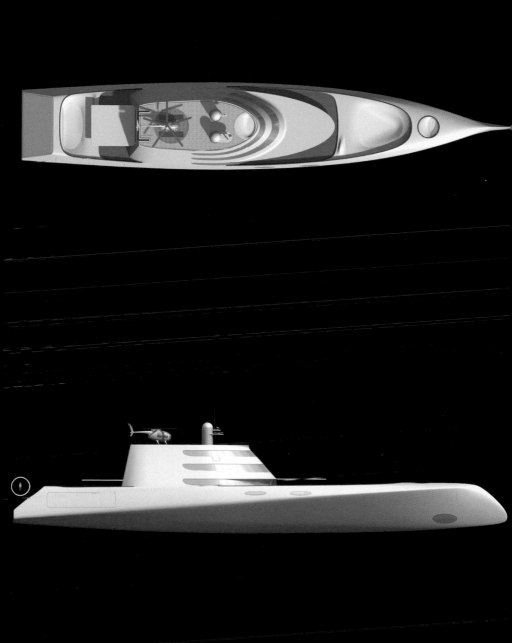

Scooter Lama (prototype) 1992
Aprilia

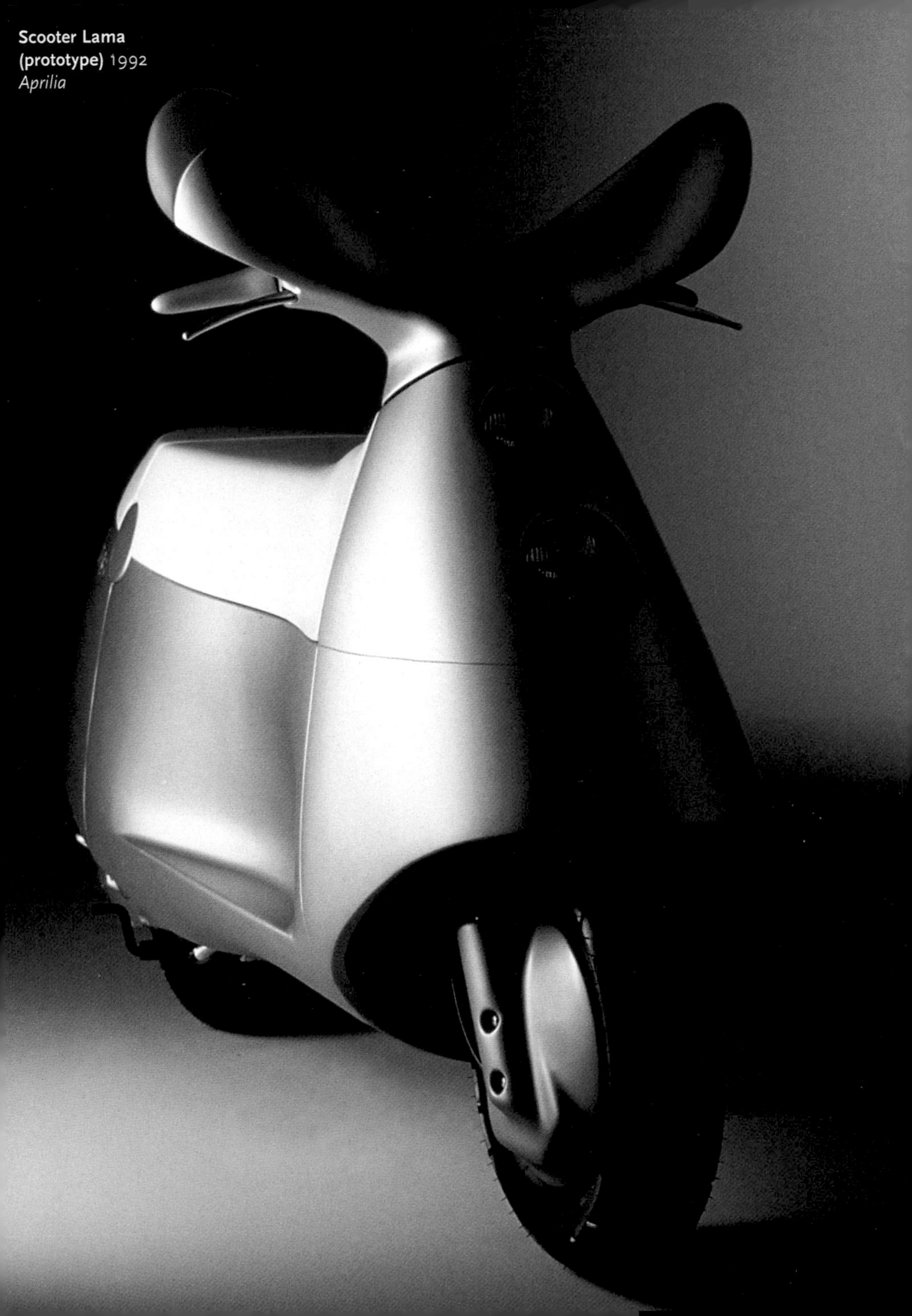

De la technologie à l'amour

Alo 1996
Thomson
(Design: Jérôme Olivet)

Plasmaa 1995
Thomson
(Design: Bernard Guerrin)

Zéo TV 1994–1995
Thomson

Jim Nature TV 1994
Saba

S✝ARCK®

E Y E S

Glasses and Sunglasses 1995-2000
Mikli

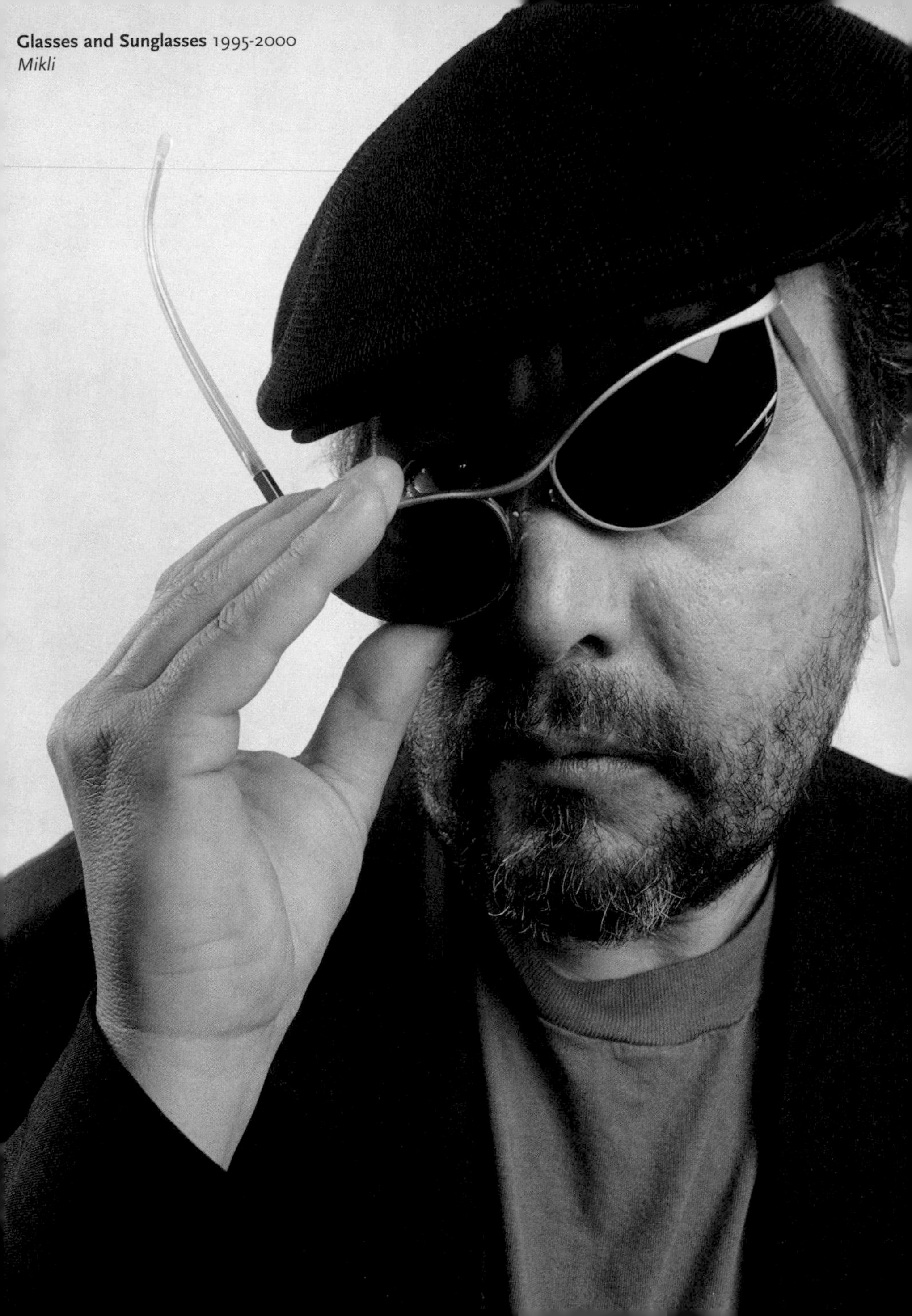

PLANCHE N° .... RÉF. ..... MONTRE ....
SUJET .... SUS-CUTANÈE
....
DATE .... BOITIER ....

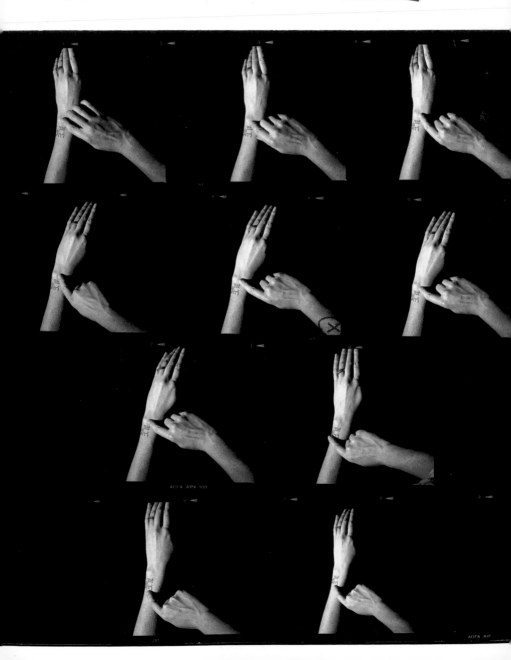

Starck Watches 1999
Fossil

SPAGHETTERIA
PIZZERIA

CO

IL

CAPR

punta del
grattoio

la peraiola
dei gabbiani

caletta
delle Cote

cala del
fondo

punta delle
Linguelle

cala
del Moreto

punta
dello
zenobio

cala
rossa

punta
del turco

cala
dei
porcili

punta
del Capo

punta
del
Patello

punta
della
cipitata

RIA·PIZZERIA·BIRRERIA·SPAGHE

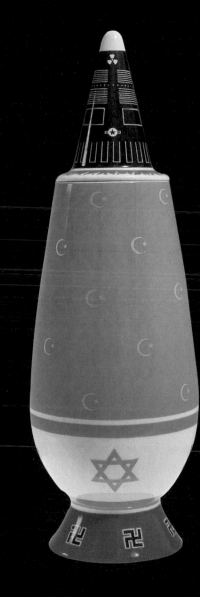

do
re
mi
fa

so
la
si
do

L'Ombre, Exposition Centre Georges Pompidou, Paris 2003

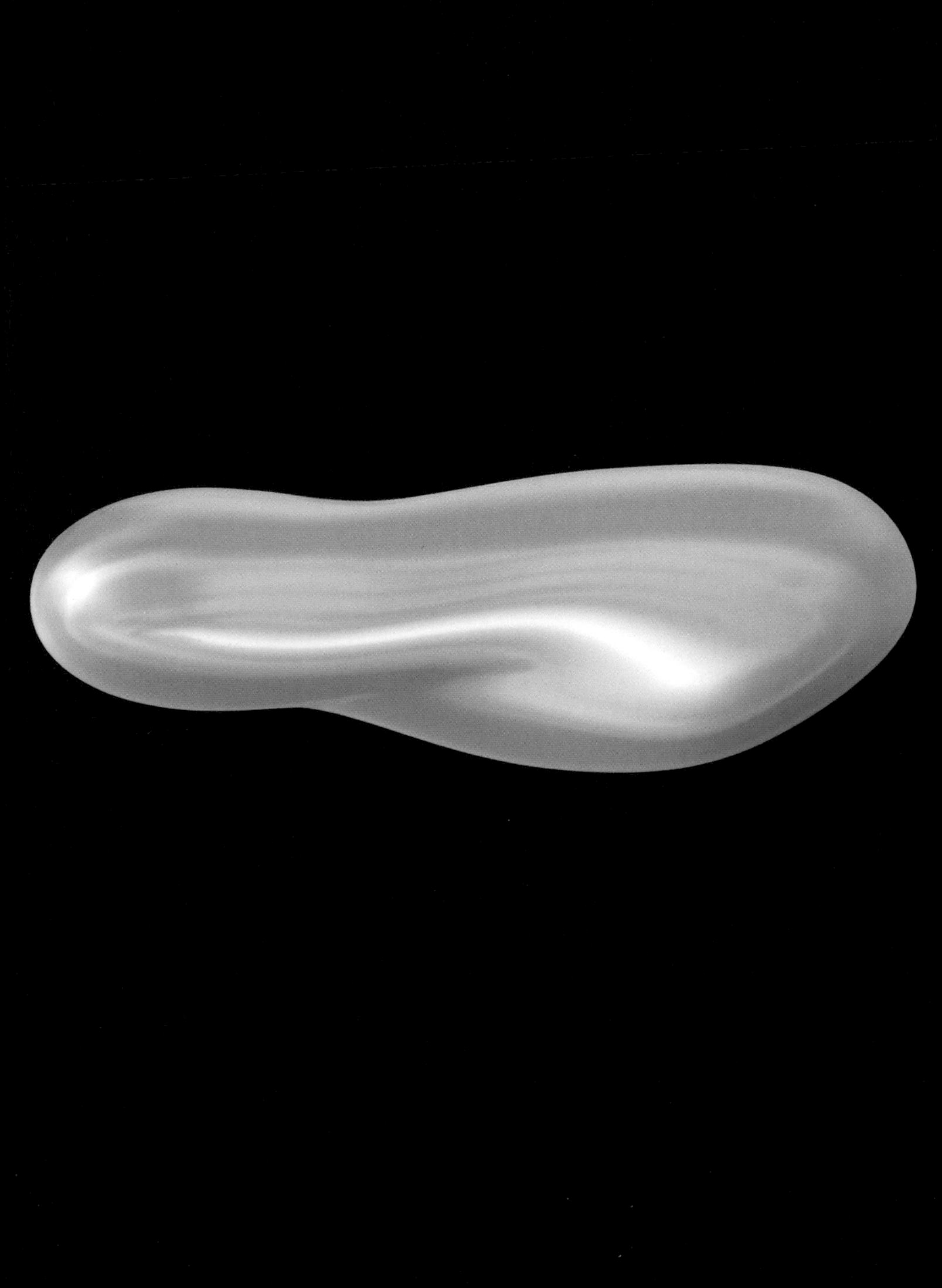

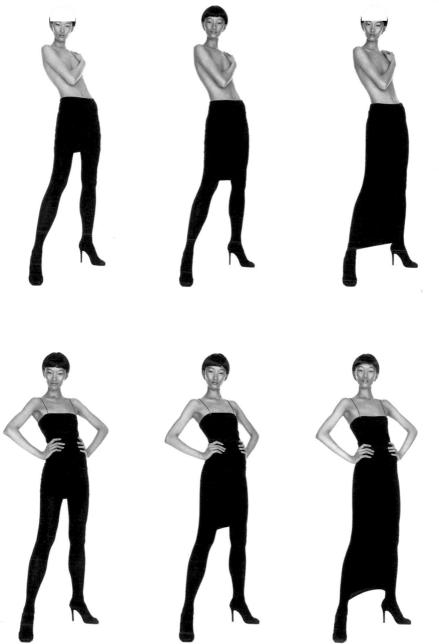

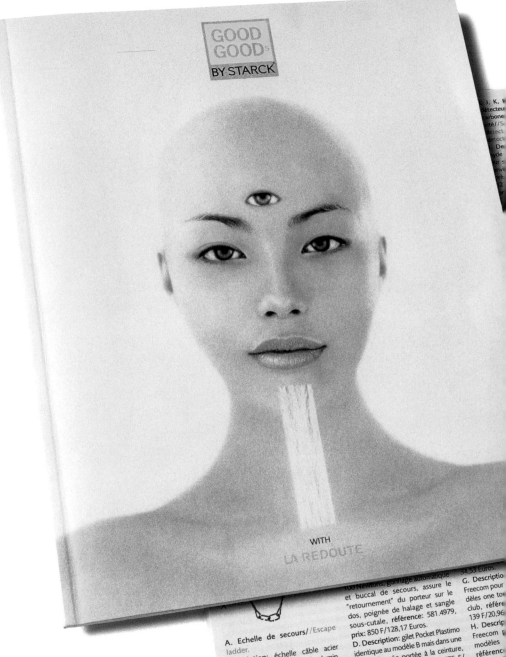

GOOD
GOODs
BY STARCK

WITH

LA REDOUTE

Les équipements de protection provoquent souvent une réaction d'étonnement, ou d'inquiétude sur la santé mentale de celui qui s'en préoccupe. Je boucle ma ceinture de sécurité lorsque je suis en voiture, je casque lorsque je roule en moto, et cela ne m'a jamais gêné. Être protégé de potentiels accidents chimiques, biologiques ou radiologiques, ne relève, ni de la paranoïa, ni d'une prospective exagérément pessimiste: les exemples de ce type, en dehors de tout conflit militaire, seront malheureusement quotidiens et justifient certainement ces précautions. Banalement, on peut se limiter à répéter qu'il vaut mieux prévenir que guérir, surtout ce qui ne se guérit pas toujours.

I always fasten my seatbelt when I'm in a car, I wear a helmet on a motorcycle and that doesn't bother me at all. To be safely equipped for any possible chemical, biological, or radioactive mishap is neither a symptom of paranoia nor the sign of an excessively pessimistic nature. These types of event, even in the absence of armed conflict, will unfortunately become routine occurrences, and certainly justify precautionary measures. An ounce of prevention is worth a pound of cure, especially where there's a risk of incurability.

eur d'incendie,
monoxyde de
de radioacti-
on monoxide
vity detector.
avertisseur mono-
Oldham, fonctionne
v, se fixe au mur à
u plafond, détecte la
onoxyde de carbone,
, référence 895.2523,
11,10 Euros.
n: détecteur Legrand
domestique (butane,
z de ville), signal visuel
e forte puissance (85dB à
ateur secteur 9VDC/220v
ensions 120x 60x28mm,
596.5730 prix: 590 F/88,96

Description: avertisseur d'incen-
Legrand, détecteur de fumée
mestique avec sirène de forte
sance (85dB à 1m), livré avec pile (9v)
t lumineux, livré avec pile (9v)
accessoires de fixation, diamètre
cm, hauteur 3,8cm, référence:
596.5640, prix: 295 F/44,48 Euros.
L. Description: Radiatest Pekly, détecteur de radio-activité de poche,
alarme sonore et visuelle, très haute
sensibilité, poids 150g, dimensions
102x60x26mm, référence:581.5444
prix: 1290 F/194,52 Euros.

Tous les équipements de protection
dans ces deux pages en 24h chez
vous: +80 F/12,06 Euros.

et micro
lcatel mo-
one touch
188, prix:

eur et micro
one Ericsson
768, 788,
6, prix: 329

G1

M.

O

N

P

Masque protection voies respiratoires (filtres vendus séparément).//Respirator mask (filters sold separately).

scription: masque Giat dérivé du masque de protection de l'armée française, assure la protection des voies respiratoires en filtrant l'air en fonction des utilisés, couvre-face à large visière panoramique souple qui s'adapte parfaitement aux formes du visage (2 tailles), 2 soupapes d'expiration, et inspiratoire, demi-masque interne et système de ventilation de la visière évitant la buée, brides réglables, sangle de portage, poids 500g, livré sans ouche (vendues ci-dessous), références: taille femme 581.7099, taille homme 666.7430, prix: 1500 F/226,18 Euros.

Filtre protection accidents chimiques large spectre, grande autonomie//Broad-spectrum large-capacity filter for chemical impurities.
cription: cartouche filtrante Giat A2B2E2K2P3 combinée vapeurs organiques, gaz et vapeurs inorganiques, vapeurs acides, dioxyde de soufre, ammo-
Filtre poussières total, poussières radiologiques comprises, ne produit pas d'oxygène, poids 370g, modèle plus performant que modèle O, référence:
7726, prix: 365 F/55,04 Euros.

Filtre poussières total, poussières radiologiques comprises, capacité normale//Normal capacity filter for chemical impurities.
scription: cartouche filtrante Giat A1B1E1K1P3 à large spectre spécifique, pour aérosols, gaz et vapeurs organiques, gaz et vapeurs inorganiques,
yde de soufre, ammoniac, filtre poussières total, ne produit pas d'oxygène, poids 240g, référence: 581.7200, prix: 325 F/49,01 Euros.

Filtre poussières total (poussières radiologiques comprises)//Dust and particle filter (including radiological dust).
scription: cartouche filtrante Giat P3 pour toutes les poussières, notamment poussières radiologiques, ne produit pas d'oxygène, référence: 581.7101
x: 155 F/23,37 Euros.

Non-products for non-consumers

One fine day, several million years ago, Ms Cromignonne and Mr Abominet fell in love with their offspring. A new era dawned. Madame strove to protect her infant, Monsieur to improve posterity. Together, the two of them – the pragmatic mother and the idealistic, visionary father – invented the naïve concept of Progress, which was to be expressed chiefly through the creation and manufacture of tools supposed to make our lives easier and even to contribute to our happiness. Much, much later – that is to say, in our times – it became evident that the most generous ideals tend to be the first to degenerate.

Man found himself many a time a slave to the tools he created to serve him. Although there are a few rare objects whose integrity, practicality, and sense of purpose has remained intact, a plethora of others exist only for themselves, without humour, love or fancy. Farewell, dreams of happiness... As I matured, I realized I could try to correct an injustice to which I was myself probably an accomplice. Being neither a philosopher, nor a sociologist, nor a statesman, and lacking the intelligence to grapple with the problem on theoretical grounds, I decided to be pragmatic. Grasping the wills and won'ts, the needs and desires of the citizen I would like to have as a friend and neighbour, I attempted to describe the equipment he or she is likely to carry, and maybe, through him or her catch a glimpse of the society in which I would like to see my children and those of my friends growing up. What a vast, pretentious and naive scheme. I set about trying to find, collect, correct, or create (where necessary) objects which were honest, responsible, and respectful of people.

Not necessarily beautiful objects, but good objects. I soon realized I was facing an impossible task. After research and selection, very few products came up to my stringent standards. Yet, although the ones I approved were still far from my ideal of perfection, they did convey a certain spirit: an alternative direction, a new way of being.

Today, I am able to offer you a catalogue of these objects, a compendium I like to call a catalogue of "non-products for non-consumers." The non-consumer is an individual who is alert and wary, but also open, creative, enthusiastic, and finally extremely upstream and modern.

I hope that as you peruse these objects and the commentaries which accompany them, you will be able to recognize yourself as a member of the free and unincorporated tribe of non-consumers.

Further, I hope that you will be the ones to track down and create objects which, tomorrow morning, will constitute the future of the second compendium, so that, little by little, we can raise this collection to the level of our vision, and that the success of its "moral market", by setting an example, will mark out a new relationship between mankind, tools and their manufacture.

Cromignonne and Abominet could then see their dreams come true, and our children could at last go on new adventures.

To our future mistakes

Non-products are confronted with a grid of requirements based on criteria such as justification for existence, integrity of purpose, longevity, moral elaboration, didacticism, political significance, symbolic social significance, sexual significance, human responsibility, fair cost, fair price, creativity and, sometimes, humour, poetry and respect.

Naturally, none of the objects in this collection is fully satisfactory in each of the above respects. But each one is an endeavour, a mutation, an effort... This annual compendium, by definition immune to the whims of fashion, will therefore grow thicker as the years advance. Since it is impossible to be completely lucid, we shall make further mistakes – our mistakes will be the items which will be taken away from the catalogue. This page will give an account of these mistakes and make them into a constructive experience.

To our futures

This first catalogue is just a means of priming the pump. I am not a professional in mailorder merchandising, and, as a result, this first try is probably too personal. But the catalogue is a means to an end, a tool. You now possess it, put it to work. Take notes, make drawings, snap photos. Describe your needs and your dreams as catalyzed by what appears here. Send us your suggestions and ideas. You can also upload information to the Good Goods catalogue website at www.goodgoods.tm.fr. My mission here is about to end. Now it's up to you to destroy and reconstruct your future. Thank you.

Philippe Starck

Nicht-Produkte für Nicht-Konsumenten

Eines schönen Tages, vor einigen Millionen Jahren, verliebten sich Frau Cromignonne und Herr Abominet in ihren Nachwuchs. Ein neues Zeitalter brach an. Madame wollte unbedingt ihr Kind beschützen; Monsieur die Nachwelt verbessern. Zusammen erfanden die beiden – die pragmatische Mutter und der idealistische, visionäre Vater – das naive Konzept des Fortschritts, das hauptsächlich durch die Erschaffung und Herstellung von Geräten zum Ausdruck gebracht wurde, die uns das Leben erleichtern und sogar zu unserem Glück beitragen sollten. Erst viel, viel später – in unserem Zeitalter – zeigte sich, dass die edelsten Ideale oft die ersten sind, die zur Degeneration neigen. Oft musste der Mensch entdecken, dass er zum Sklaven der Geräte geworden war, die er erfunden hatte, damit sie ihm dienen. Zwar gibt es einige wenige Objekte, deren gute Qualität, Bedienbarkeit und Nützlichkeit erhalten geblieben sind, doch allzu viele andere sind reiner Selbstzweck, ohne Humor, Liebe oder Phantasie. Lebt wohl, Träume vom Glück … Als ich heranreifte, erkannte ich, dass ich vielleicht ein Unrecht wiedergutmachen könnte, das ich wahrscheinlich selbst mitverschuldet hatte. Weil ich weder ein Philosoph bin, noch ein Soziologe, noch ein Staatsmann, weil ich nicht intelligent genug bin, das Problem theoretisch anzugehen, beschloss ich, pragmatisch zu handeln.

Ich versuchte, die Wünsche und Bedürfnisse meines Mitbürgers, den ich gerne als Freund und Nachbarn hätte, zu erfassen – das, was er will und was er nicht will – und die Gegenstände zu beschreiben, mit denen er sich umgeben möchte, um vielleicht durch ihn hindurch einen Blick auf eine künftige Gesellschaft werfen zu können, in der ich meine Kinder und die meiner Freunde aufwachsen sehen möchte. Was für ein gewaltiges, prätentiöses und naives Programm. Ich bemühte mich also darum, Objekte zu finden, zu sammeln, zu verbessern oder (wenn nötig) zu gestalten, die den Menschen gegenüber ehrlich, verantwortlich und respektvoll sind. Nicht unbedingt schöne Objekte, aber gute Objekte. Doch schon bald wurde mir bewusst, dass ich mir ein unerreichbares Ziel gesetzt hatte. Nach einem intensiven Such- und Auswahlprozess konnten nur sehr wenige Produkte meinen strengen Maßstäben genügen. Und selbst die Produkte, die meine Billigung fanden, waren meilenweit von meinem Ideal der Perfektion entfernt. Dennoch sprach aus ihnen eine gewisse Geisteshaltung, eine alternative Richtung, eine neue Lebensauffassung. Heute kann ich Ihnen einen Katalog dieser Objekte anbieten, ein Kompendium, das ich als einen Katalog von »Nicht-Produkten für Nicht-Konsumenten« bezeichnen möchte. Der Nicht-Konsument ist ein Mensch, der wachsam und argwöhnisch ist, aber auch offen, kreativ, enthusiastisch und schließlich äußerst fortschrittlich und modern. Ich hoffe, dass Sie sich als Mitglied der freien und ungebundenen Gruppe der Nicht-Konsumenten erkennen, wenn Sie sich diese Objekte ansehen und die Begleitkommentare lesen. Außerdem hoffe ich, dass Sie zu denen gehören werden, die weitere Objekte aufspüren und gestalten, so dass wir schon bald ein zweites Kompendium zusammenstellen und diese Sammlung Schritt für Schritt auf das Niveau unserer Vision anheben können. Der beispielgebende Erfolg dieses *moral market* würde ein neues Verhältnis zwischen Menschen, Geräten und ihrer Herstellung deutlich machen. Cromignonne und Abominet könnten dann ihre Träume verwirklicht sehen, und unsere Kinder könnten endlich neue Abenteuer erleben.

Zu unseren künftigen Fehlern

An Nicht-Produkte werden Anforderungen gestellt, die auf Kriterien wie den folgenden beruhen: Existenzberechtigung, Zweckdienlichkeit, Langlebigkeit, moralischer und didaktischer Anspruch, politische Bedeutung, symbolische gesellschaftliche Bedeutung, sexuelle Bedeutung, menschliches Verantwortungsbewusstsein, faire Kosten, faire Preise, Kreativität und manchmal Humor, Poesie und Respekt. Natürlich kann keines der Objekte in dieser Sammlung diesen Kriterien in jeder Hinsicht voll genügen. Aber jedes einzelne stellt eine Bemühung, einen Versuch dar. … Dieses jährlich erscheinende Kompendium – gegen die Launen der Mode per definitionem immun – wird deshalb Jahr für Jahr umfangreicher werden. Weil immer die Gefahr besteht, dass man sich irrt und täuschen lässt, werden wir auch künftig Fehler machen – unsere Fehler werden die Objekte sein, die aus dem Katalog herausgenommen werden. Auf dieser Seite werden wir über unsere Fehler Rechenschaft ablegen und unsere Lehren daraus ziehen.

Zu unserer Zukunft

Dieser erste Katalog kann nur der Anfang sein. Ich bin kein professioneller Versandhändler, und deshalb ist dieser erste Versuch wahrscheinlich zu persönlich ausgefallen. Doch dieser erste Katalog ist ein Mittel zum Zweck, ein Werkzeug. Nutzen Sie ihn. Machen Sie Notizen, Zeichnungen, Fotos. Lassen Sie sich von den hier vorgestellten Objekten anregen, und beschreiben Sie Ihre Bedürfnisse und Träume. Schicken Sie uns Ihre Vorschläge und Ideen. Der Good-Goods-Katalog hat auch eine Internet-Adresse: www.goodgoods.tm.fr. Damit ist meine Mission fürs erste beendet. Jetzt liegt es an Ihnen, Ihre Zukunft zu zerstören und wiederaufzubauen. Vielen Dank.

Philippe Starck

Des non-objets pour des non-consommateurs

Un jour, il y a quelques millions d'années, Madame Cromignonne et Monsieur Abominet tombèrent amoureux de leur progéniture. C'était assez nouveau. Madame voulait protéger sa descendance, Monsieur voulait l'améliorer. A eux deux – elle pragmatique, lui théorique et visité – ils inventèrent l'idée naïve du progrès dont l'un des principaux moyens d'expression passa par la création et la production d'outils censés nous apporter une vie meilleure et même du bonheur. Bien plus tard – c'est-à-dire aujourd'hui – on peut s'apercevoir que les jolies idées sont généralement les premières à dégénérer. L'Homme se retrouva bien souvent esclave d'outils créés pour le servir. Si certains rares objets auront l'honnêteté, la rigueur et le respect de leur mission, une pléthore d'autres ne rouleront que pour eux, sans humour ni amour, ni fantaisie. Adieu, rêves de bonheur. L'âge venant, je me suis dit que j'essaierais bien de corriger une histoire dont j'ai sûrement été moi-même complice.

N'étant pas philosophe, sociologue, politique... ni même assez intelligent pour attaquer le problème sur le plan théorique, j'ai décidé d'être pragmatique. Par ses acceptations, ses refus, ses souhaits et ses nécessités nécessaires, j'ai tenté de décrire l'équipement du citoyen que j'aimerais avoir comme voisin et ami. Et, peut-être, entrevoir à travers celui-ci la société où j'aimerais voir grandir mes enfants, et les enfants de mes amis.

Vaste, prétentieux et naïf programme.

J'ai donc essayé de trouver, collecter, corriger, ou créer quand il le fallait, des objets honnêtes, responsables, respectueux de la personne. Des objets pas forcément beaux, mais des objets bons.

Je me suis vite aperçu que je m'attaquais à une mission impossible: après recherches et sélections, assez peu d'objets passèrent à travers ma grille d'exigence. De plus, les objets retenus étaient loin d'être aussi parfaits que je l'aurais voulu, mais on pouvait déjà y reconnaître un esprit, une nouvelle direction, une autre façon d'être.

Ces objets, je vous les propose aujourd'hui dans ce catalogue que j'aimerais appeler catalogue des «non-produits pour des non-consommateurs». Des non-consommateurs conscients et suspicieux, mais aussi ouverts, créatifs, enthousiastes et finalement profondément à contre-courant, modernes.

J'espère qu'à travers ces objets et les commentaires qui les accompagnent, vous pourrez vous reconnaître comme membre de la tribu libre et infédérée des non-consommateurs.

J'espère aussi que c'est vous qui débusquerez et créerez les objets qui, demain matin, constitueront le futur du deuxième recueil. Afin que, petit à petit, il soit à la hauteur de notre ambition et que, le succès de son *moral market* créant l'exemple, puisse apparaître une nouvelle relation entre l'Homme, la production et les objets.

Cromignonne et Abominet pourraient alors voir leurs rêves se réaliser, et nos enfants repartir – enfin – vers de nouvelles aventures.

A nos futures erreurs

Les non-produits doivent passer à travers une grille d'exigence dont les critères sont, entre autres, légitimité à exister, honnêteté du service, longévité, élaboration morale, didactisme, sens politique, sens de la représentation sociale, sens sexuel, responsabilité humaine, coût juste, prix juste, créativité et quelquefois, poésie, humour et respect.

Evidemment, aucun des objets de ce recueil ne satisfait en totalité aux exigences posées. Mais ils tentent, essaient, commencent. Ce recueil annuel, par définition à l'abri des modes et des démodes, ne fera ainsi que se compléter au fil des ans.

Parce qu'il est difficile de ne pas se laisser séduire, tromper, et de s'abuser soi-même, nous ferons encore des erreurs: nos erreurs seront les produits que nous ferons disparaître de ce recueil. Nous ne jouerons pas de l'oubli et cette page en rendra compte, afin que ces échecs nous soient utiles.

A nos futurs

Ce premier recueil n'est qu'une façon d'«amorcer la pompe». Je n'ai pas vocation à faire du commerce par correspondance, et, pour cette raison, sa première version est sans doute trop personnelle. Mais ce catalogue n'est qu'un outil. Il est entre vos mains: servez-vous en. Notez, dessinez, photographiez, décrivez et signalez dans ces pages vos rêves, vos préoccupations. Envoyez-nous toutes vos suggestions, vos idées. Vous pouvez également expédier vos informations sur le site Internet du recueil Good Goods, www.goodgoods.tm.fr. Ma mission est ici sur le point de se terminer: c'est à vous qu'il appartient maintenant de détruire et reconstruire votre futur.
Merci.

Philippe Starck

Photo Credits

Air: 142, 143
Alessi: 178 179
Jean-Francois Aloisi: 167
Aprilia: 162
Patricia Bailer: 57, 58, 129
Baleri: 82
Fabrizio Bergamo: 83, 84
Fabrice Bouquet/Elle: 119
Bruno Burrione/Agence Starck,
Nikolas Koenig: 64, 65
Cassina: 110
Christian Coigny: 79
Stéphane Couturier: 48, 49
Richard Davies: 66
DEIS: 108, 109, 120, 152, 154, 156, 157
Jacques Dirand: 38, 39
Matthew Donaldson: 101, 104, 105, 106, 107
Driade/Tom Vack: 96, 97
Todd Eberle: 44, 45, 50, 51, 62, 63
Piero Fasanotto: 126, 127
Feadship: 152
Cuauhtli Gutierrez: 20, 21
Hansgrohe: 149
Hiroyuki Hirai/Nacása & Partners Inc.: 10, 11
Kartell: 85, 86
Kartell/Pesarini & Michetti: 89, 90, 91
Karl Lagerfeld/Deutsche Vogue: 87
Eric Laignel: 70, 71
Jean Larivière: 170
Larousse, Page 1636: 6
Guillaume de Laubier/Elle Décoration: 155
Michel Lelièvre/Studio Bleu for Good Goods/La
Redoute: 130, 158, 159
Mikli: 67, 168, 171
Guido Mocafico: 164, 165, 166
Jean-Baptiste Mondino: 56, 68, 121, 122, 123, 124,
125, 128, 134, 183, 189, 191
Monnaie de Paris: 175
Jean-Marie Monthiers: 33, 34, 35
Eric Morin: 24, 69
Michael Mundy: 59, 60, 61
Carlo Orsy: 80
Jean Philippe Piter: 112

Daniel Pouzet: 152
G. Martin Raget: 150, 151
Ralph Richter/Architekturphoto: 25, 26, 27
Gianni Sabbadin: 160
Rudolf Schmutz: 148
Select: 163
Malick Sibidé: 2
Alice Springs: 103
Agence Starck: 3, 181, 182
Nori Starck: 137
Studio Bleu: 92, 102, 173, 184, 185
Studio Bleu/DEIS: 121
Andreas Sütterlin/Vitra: 78, 81
Target/Studio Bleu: 132, 133, 135, 136, 138, 139,
140, 141
Hervé Ternisien: 32, 144, 174, 180
Tom Vack: 40, 42, 43, 77, 93, 94, 95, 111, 114, 116,
117, 118
Alberto Venzago/Nacása & Partners Inc.: 12
Matthew Winrib: 54, 55
Yoo: 75

**Graphic Design for the
21st Century**
Charlotte & Peter Fiell /
Flexi-cover, 640 pp. / € 29.99/
$ 39.99 / £ 19.99 / ¥ 5.900

Designing the 21st Century
Ed. Charlotte & Peter Fiell /
Flexi-cover, 576 pp. / € 29.99/
$ 39.99 / £ 19.99 / ¥ 5.900

Future Perfect
Ed. Jim Heimann
Flexi-cover, 192 pp. / € 6.99
$ 9.99 / £ 4.99 / ¥ 1.500

"These books are beautiful objects, well-designed and lucid." —*Le Monde*, Paris, on the ICONS series

"Buy them all and add some pleasure to your life."

All-American Ads 40ˢ
Ed. Jim Heimann

All-American Ads 50ˢ
Ed. Jim Heimann

All-American Ads 60ˢ
Ed. Jim Heimann

Angels
Gilles Néret

Architecture Now!
Ed. Philip Jodidio

Art Now
Eds. Burkhard Riemschneider,
Uta Grosenick

Berlin Style
Ed. Angelika Taschen

Chairs
Charlotte & Peter Fiell

Design of the 20ᵗʰ Century
Charlotte & Peter Fiell

Design for the 21ˢᵗ Century
Charlotte & Peter Fiell

Devils
Gilles Néret

Digital Beauties
Ed. Julius Wiedemann

Robert Doisneau
Ed. Jean-Claude Gautrand

East German Design
Ralf Ulrich / Photos: Ernst
Hedler

Eccentric Style
Ed. Angelika Taschen

Fashion
Ed. The Kyoto Costume
Institute

HR Giger
HR Giger

Graphic Design
Ed. Charlotte & Peter Fiell

Grand Tour
Harry Seidler,
Ed. Peter Gössel

Havana Style
Ed. Angelika Taschen

Homo Art
Gilles Néret

Hot Rods
Ed. Coco Shinomiya

Hula
Ed. Jim Heimann

India Bazaar
Samantha Harrison,
Bari Kumar

Industrial Design
Charlotte & Peter Fiell

Japanese Beauties
Ed. Alex Gross

Kitchen Kitsch
Ed. Jim Heimann

Krazy Kids' Food
Eds. Steve Roden,
Dan Goodsell

Las Vegas
Ed. Jim Heimann

Mexicana
Ed. Jim Heimann

Morocco Style
Ed. Angelika Taschen

**Extra/Ordinary Objects,
Vol. I**
Ed. Colors Magazine

**Extra/Ordinary Objects,
Vol. II**
Ed. Colors Magazine

Paris Style
Ed. Angelika Taschen

Penguin
Frans Lanting

Photo Icons, Vol. I
Hans-Michael Koetzle

Photo Icons, Vol. II
Hans-Michael Koetzle

20ᵗʰ Century Photography
Museum Ludwig Cologne

Pin-Ups
Ed. Burkhard Riemschneider

Provence Style
Ed. Angelika Taschen

Pussycats
Gilles Néret

Safari Style
Ed. Angelika Taschen

Seaside Style
Ed. Angelika Taschen

Albertus Seba. Butterflies
Irmgard Müsch

**Albertus Seba. Shells &
Corals**
Irmgard Müsch

Starck
Ed Mae Cooper, Pierre Doze,
Elisabeth Laville

Surfing
Ed. Jim Heimann

Sydney Style
Ed. Angelika Taschen

Tattoos
Ed. Henk Schiffmacher

Tiffany
Jacob Baal-Teshuva

Tiki Style
Sven Kirsten

Tuscany Style
Ed. Angelika Taschen

Women Artists
in the 20ᵗʰ and 21ˢᵗ Century
Ed. Uta Grosenick